AF266915

# DE LA
# PAIRIE HÉRÉDITAIRE

CONSIDÉRÉE

## COMME POUVOIR LÉGISLATIF
### ET COMME POUVOIR JUDICIAIRE,

ET DU

## Mode de Constitution

## D'UNE SECONDE CHAMBRE;

PAR

**M. AUGUSTE VALETTE,**

AVOCAT A LA COUR ROYALE DE PARIS
ET DOCTEUR EN DROIT.

L'hérédité s'introduit dans des siècles de simplicité et de conquête, mais on ne l'institue pas au milieu de la civilisation.

BENJAMIN CONSTANT.

Prenez garde qu'elle est en désharmonie avec l'état présent des esprits.

NAPOLÉON.

PARIS

DELAUNAY, LIBRAIRE, AU PALAIS-ROYAL,

PÉRISTYLE VALOIS, N. 282;

DESBARS, LIBRAIRE, RUE DE SEINE-SAINT-GERMAIN, N. 48.

1831

IMPRIMERIE DE HENRI DUPUY,
SUCCESSEUR DE J. TASTU,
RUE DE LA MONNAIE, N. 11.

# DE LA
# PAIRIE HÉRÉDITAIRE [1]

CONSIDÉRÉE

COMME POUVOIR LÉGISLATIF ET COMME POUVOIR
JUDICIAIRE, ET DU MODE DE CONSTITUTION
D'UNE SECONDE CHAMBRE.

Qui eût dit, lors de la révolution de Juillet, qu'une année plus tard on agiterait encore en France la question d'une Pairie héréditaire? Au milieu des illusions qui, à cette époque, assiégeaient tous les esprits, les hommes, même les moins enthousiastes, les moins prompts à concevoir de brillantes espérances d'améliorations, se disaient qu'il était impossible qu'après avoir reconquis la souveraineté nationale, on voulût soumettre cette souveraineté auguste à un corps de nobles privilégiés, se transmettant de *mâle en mâle*, et comme une propriété de famille, la puissance législative. Cette idée avait même quelque chose de burlesque, qui semblait appeler le sarcasme plutôt que l'indignation et ne fournir aucun texte à une

---

[1] Nous ne savons pas quelle est la proposition que le ministère va faire à la Chambre relativement à l'hérédité de la Pairie; mais, en supposant qu'il l'abandonne, comme plusieurs écrivains ministériels continuent à vanter l'excellence de l'hérédité, et manifestent l'espérance de la voir maintenue après un mûr examen, il paraît convenable de reproduire ici les raisons qui militent contre elle.

1*

discussion sérieuse. Et, lorsque la Chambre des Députés, pressée par le cri public, déclara que l'article 23 de la Charte, article constitutif de la Pairie, serait soumis à une révision, les amis de la Chambre expliquèrent la mesure dilatoire qui renvoyait cette révision à la session de 1831, en disant que, sans doute, on avait trouvé trop difficile d'improviser la nouvelle base sur laquelle devait être fondée la seconde Chambre. Cette prudente lenteur paraissait être une espèce de compensation de la facilité expéditive avec laquelle on avait, en quelques heures, improvisé le reste de la Constitution, facilité que l'on trouvait d'autant plus merveilleuse chez MM. les Députés que, n'ayant reçu nul mandat à cet égard, ils auraient même pu, sans encourir le moindre reproche de paresse, s'abstenir totalement de mettre la main à l'œuvre.

Cependant quelques hommes, plus clairvoyans ou plus défians que les autres, craignaient que ce retard ne cachât le dessein arrêté d'avance d'imposer à la nation une Pairie héréditaire. Quelques exclamations de joie, échappées à des membres du centre gauche, lorsqu'ils eurent obtenu cet ajournement de la question, avaient paru révéler le désir de gagner du temps et de rejeter la discussion à une époque où l'enthousiasme patriotique serait refroidi. Comment, en effet, aller proclamer des priviléges féodaux en présence de ces masses populaires calmes, il est vrai, mais victorieuses, et dont le repos même avait quelque chose de menaçant, appuyées comme elles l'étaient sur les armes qui venaient de renverser la royauté et le droit divin? C'était une entreprise vraiment téméraire et devant laquelle devait reculer le constituant le plus déterminé.

On racontait aussi qu'un député, homme de talent et de conscience, s'étonnant de cette joie de ses collègues,

leur avait demandé si cette pompeuse annonce d'ajournement n'était qu'une tactique adroite et si leur projet était
de tromper la nation, et qu'à cela ces Messieurs lui
avaient répondu qu'il était un *niais*, ce qui, dans le lan-
gage des roués politiques, signifie, comme on sait, *un
honnête homme.*

Ceux qui soupçonnaient un plan machiavélique de cette
espèce voulaient-ils alors communiquer leurs soupçons à
la masse des citoyens, il était assez ordinaire qu'ils ne
rencontrassent que des incrédules. L'absurdité de l'hérédité de la Pairie était quelque chose de si palpable, de si
universellement reconnu, qu'on regardait comme des hâ-
bleurs politiques, comme des *alarmistes*, si je puis me
servir de cette expression créée il y a quarante ans, ceux
qui exprimaient des soupçons à cet égard. Le fait que je
constate est notoire ; qu'on interroge cette nombreuse
classe d'hommes dont la modération politique a été tant
vantée par les uns et accusée par les autres ; qu'on s'a-
dresse en particulier à cette garde nationale parisienne,
dont la plus grande partie est si ennemie des secousses
politiques, si peu ardente pour les réformes, si patiente à
tolérer qu'on lui mesure la liberté avec économie ; qu'on
essaie de parler à ces gens-là de l'hérédité de la Pairie :
aussitôt plus de froideur, plus d'indifférence, ce n'est
plus qu'une protestation unanime, un cri d'indignation.
Cette haine généreuse est si fortement prononcée qu'elle
étonne ceux même qui se réjouissent le plus de la voir
éclater.

Au reste, comme on l'a très-bien remarqué, quand
une question comme celle de l'hérédité de la Pairie est
posée, elle est déjà résolue ; car pour arriver seulement à
la poser, il faut qu'il n'y ait plus ni illusions, ni prestiges,

ni enthousiasme pour les antiques institutions , ni respect pour la *sagesse de nos peres;* époque de deuil pour les privilégiés , où les plus brillans abus ne trouvent plus de grâce , et où l'on s'obstine à tout mesurer au pied de l'utilité et du bon sens.

Ce qui doit tuer successivement , en France , toutes les sottises de l'ordre social, c'est que nous ne sommes jamais subjugués par l'ascendant du passé , et que nous sommes toujours disposés à adopter un système nouveau , si l'on nous prouve qu'il est fondé en raison et basé sur l'utilité générale.

En Angleterre , la constitution et les lois ne sont autre chose qu'une suite d'anciennes coutumes , de traditions incohérentes que, par un art infini, on est venu à bout de maintenir en vigueur d'âge en âge. La féodalité s'y trouve acclimatée , au dix-neuvième siècle , à force de soins et de vigilance , et soutenue par les profondes racines qu'elle a poussées dans le sol. L'ancienne royauté est toujours là , gouvernant en parlement , c'est-à-dire avec le conseil des hauts barons et les députés des communes. Ce sont les institutions du passé, modifiées, mais jamais anéanties.

Mais en France, où est notre ancienne constitution? On se dispute pour savoir si nous en avions une et quelle elle était. Où est notre noblesse? où siégent nos hauts barons? Que sont devenus nos parlemens? Retrouvons-nous même le nom de nos provinces? Certes, le vieil ordre de choses n'a guère laissé de traces, et on en retrouve à peine les débris.

La France n'est pas le pays des traditions , mais le pays des théories ; elle adopte ce qui lui paraît bon , et rejette ce qu'elle croit mauvais , sans s'embarrasser , comme dit Bentham , si , dans des temps reculés , les gens qui habi-

taient le même territoire, et qui étaient d'ailleurs complè-
tement dépourvus d'instruction, ont été d'un avis ou
d'un goût différent. Lorsqu'elle recherche les moyens de
perfectionner l'état social, elle voit dans sa propre histoire
et dans celle des autres peuples, non pas des objets d'une
imitation servile, mais d'un examen attentif et indépendant. Non-seulement enfin, le Français adopte les innovations que lui suggère la saine raison aidée de l'expérience,
mais il les formule, pour ainsi dire, et les répand chez les
autres peuples, et c'est par là qu'il domine toute la civilisation européenne.

La maxime fondamentale que nous avons admise en
France et que nous avons, pour ainsi dire, prêchée à
toute l'Europe, c'est que les fonctions publiques doivent
être déférées aux plus dignes par le suffrage de leurs
égaux. Le système qui fait découler tous les pouvoirs
d'une autorité suprême qui n'a été établie par personne,
ou bien qui l'a été directement par la Divinité, est rejetée
chez nous comme absurde et dangereux. Le principe de
l'hérédité opposé à celui de l'élection a succombé en 1789,
et nos pères se sont battus pendant quarante ans pour l'a-
bolition des castes et des priviléges, misérables restes de
cette ancienne féodalité qui au moins avait une utilité et
par conséquent une vie réelle, lorsque, toute guerrière,
elle se dévouait presque sans partage à la défense du territoire.

On a remarqué que l'inégalité originelle des hommes,
c'est-à-dire leur classement par la naissance, avait toujours été s'affaiblissant par des nuances successives. Ainsi
à la théocratie et à la division des tribus saintes et des
tribus infâmes a succédé la division des maîtres et des
esclaves, puis des seigneurs et des vassaux ; enfin des no-

-bles et des roturiers, dernière distinction qui aujourd'hui vient elle-même se fondre dans une égalité commune sous un maître unique, *la loi.*

Ces doctrines de 1789 se sont retrouvées plus vivantes et plus fortes que jamais en 1830. On conçoit que la Restauration ait voulu, dans son intérêt, recréer une féodalité dans la Chambre des pairs, et l'appuyer au-dehors sur les petites féodalités du droit d'aînesse, des majorats et des substitutions; mais que la nation, maîtresse de ses destinées, consente bénévolement à consolider une pareille œuvre, c'est ce qu'on ne saurait concevoir.

Voudrions-nous donc devenir la risée des nations étrangères chez qui nous avons répandu, en les généralisant, les idées saines de liberté et surtout d'égalité? Que diraient-elles si, démentant toutes ces leçons que, le glaive d'une main et les droits de l'homme de l'autre, leur portait notre ardente propagande, nous en revenions aux idées du moyen âge, à ces castes héréditaires dont l'Europe elle-même, instruite par nous, commence à se rire aujourd'hui?

Les partisans de l'hérédité de la Pairie prétendront-ils que le principe de l'élection est abandonné en France parce que la révolution de juillet s'est soumise à une monarchie héréditaire? Mais qui ne voit que c'est ici une exception unique, admise par la nation comme une nécessité de l'époque, comme une conséquence de la position continentale de la France? La logique la plus inflexible peut céder quelquefois à la puissance des faits, et l'on conçoit qu'un peuple ralentisse son pas dans la route de la civilisation, afin de ne pas dépasser les autres de trop loin; mais si vous exceptez la dignité royale, voyez comme le principe électif envahit tout : garde nationale, municipalités, départemens, et pénètre enfin toutes les parties de la constitution sociale.

C'est donc surtout, comme l'a indiqué M. Bignon l'année dernière, à cause de nos relations extérieures que la monarchie héréditaire a paru indispensable chez nous ; je ne prétends pas, au reste, résoudre cette question, j'indique seulement par quels motifs de bons esprits ont dit qu'elle devait être résolue. J'ajouterai seulement qu'avec de bonnes institutions le Roi des Français sera un véritable président, parce que la responsabilité des ministres, sans le concours desquels le Roi n'a pas plus de pouvoir que le dernier citoyen, corrigera ici en très-grande partie les abus de l'hérédité.

Mais une Chambre des pairs n'a point de ministres ; elle ne présente point d'éditeurs responsables de ses œuvres. Si elle est corrompue et anti-nationale, le mal est sans remède ; or, nous allons voir que les vices que nous venons d'indiquer sont essentiels à l'institution.

Dans la position où se trouverait en France une Chambre héréditaire, battue de tous côtés par le flot populaire, et devenue le but des attaques de tous ceux qui veulent le développement des principes de la révolution, il est évident que cette Chambre, abus vivant et érigé en législateur, sympathiserait avec tous les abus. Une Chambre de cette nature, ayant l'instinct de sa conservation, prévoit bien qu'elle tombera un jour sous les efforts de la raison ; mais pour retarder autant que possible ce moment fatal, elle protége autour d'elle toutes les autres institutions vicieuses, comme autant d'ouvrages avancés qui divisent les forces de l'ennemi et l'empêchent d'arriver au corps de la place. N'entendez-vous pas l'aristocratie anglaise s'écrier que si l'on détruit les bourgs-pourris, le radicalisme va mettre le marteau à la pairie. Allez donc demander à de telles gens des lois contre la corruption des places et de l'argent, contre les dilapidations des cours. Croyez-vous qu'ils vous fourniront des armes contre eux mêmes? Leur devise est : Périssent les principes plutôt qu'un privilége !

Voyez la Chambre des Pairs actuelle, si toutefois l'on peut dire qu'elle existe encore. Loin de moi sans doute de méconnaître la sagesse qu'elle a montrée en plusieurs circonstances sous la Restauration. Elle a amendé heureusement quelques articles de la loi du jury ; elle a rejeté, à la majorité d'une voix, la loi du droit d'aînesse : cela est vrai. Mais aussi elle a adopté les lois de censure [1], les lois de suspension de la liberté individuelle, la loi du sacrilége, la loi des substitutions, la loi du double vote, etc., etc. ; et rejeté, à la presque unanimité, la proposition faite par la Chambre des Députés de soumettre à une réélection les députés qui accepteraient des emplois salariés. Sauf quelques velléités d'indépendance, elle a donc suivi le despotisme sur la pente rapide où il glissait ; elle a tenté à peine de jouer le rôle de pouvoir modérateur que la constitution lui avait assigné ; et enfin elle a abdiqué solennellement ses pouvoirs en demeurant muette contre le coup d'État de Juillet.

Revenu à petit bruit à son poste après la victoire populaire, ce corps dans lequel on compte, dit-on, jusqu'à

---

[1] Un pair de France, M. de Bonald, qui s'appelait lui-même *une fraction de Roi*, fut président de la commission de censure en 1827. C'est le même qui disait à la Chambre des pairs qu'il était tout simple d'appliquer la peine de mort au sacrilége, parce que le coupable, ayant offensé Dieu, *devait être renvoyé à son juge naturel.*

trois membres amis du nouvel ordre de choses, a maintenu les pensions illégalement accordées depuis 1807, protégé les cumuls, essayé de faire à la nouvelle loi électorale des changemens si détestables, que la Chambre des Députés d'alors les a repoussés ; elle a enfin réduit à rien la loi proposée contre Charles X et sa famille, et conservé, comme brandon de discorde et d'insulte à la nation, la cérémonie du 21 janvier. Or, depuis la révolution de Juillet, la Chambre des Pairs est sous le glaive de la loi ; qu'on juge de ce qu'elle osera lorsque ce glaive aura passé en ses mains.

Mais que dirai-je de la Chambre des Pairs considérée comme corps judiciaire ? Ce n'était pas assez de créer chez nous des législateurs héréditaires, le génie de la contre-révolution a voulu se surpasser lui-même : il a voulu que, par un singulier cumul emprunté à l'Angleterre, les mêmes hommes fussent aussi magistrats héréditaires, confisquant ainsi, au profit d'un principe féodal, les fonctions les plus augustes de la société, celles de faire les lois et celles de les appliquer. Avant la révolution de 1789, la charge de magistrat était bien héréditaire ; mais celle de membre des États-Généraux, quand il y avait des États-Généraux, ne l'était pas : c'est un progrès que nous avons fait.

Si nous nous résignons à tolérer des institutions pareilles, si nous souffrons que quelques familles, outre le tiers du pouvoir législatif, se transmettent de mâle en mâle et par ordre de primogéniture le droit de juger les ministres, c'est-à-dire la répression souveraine du pouvoir exécutif, et que de plus ces mêmes familles soient soustraites à l'empire des lois communes, et ne relèvent que de leur propre juridiction ; commençons donc par effacer de notre Charte cet article menteur : « Tous les Français sont égaux devant la loi. » Avouons franchement que l'égalité politique n'habite pas ce vieil hémisphère ; soyons soumis, je le veux, mais ne soyons pas sophistes, et ne donnons pas aux gens qui se moquent de nous dans leurs salons le droit de dire qu'on nous amuse avec des paroles sonores comme on amuse les enfans avec des osselets.

Mais ce n'est pas tout, et je vais passer à un certain article de l'ancienne Charte, conservé adroitement dans la Charte de 1830, au sein de la délibération enlevée en quelques heures, et qui, certes, mérite d'être lu et médité. J'ai vu beaucoup de bons citoyens qui en ignoraient absolument l'existence, demeurer frappés d'étonnement, en voyant quelle arme terrible on avait forgée pour l'aristocratie, arme qui est encore, il est vrai, dans le fourreau, et qu'on n'oserait faire briller en face de l'indignation publique, mais qu'on tient en réserve pour le temps où, comme on l'a dit si agréablement, on en aura fini avec les révolutionnaires de Juillet.

Voici l'article dont je parle, et qui est le 28ᵉ de la nouvelle Charte.

« La Chambre des Pairs connaît des crimes de haute trahison et des attentats à la sûreté de l'État, qui seront définis par une loi. »

Remarquez-vous tout ce qu'on peut tirer de cet article qui s'est glissé inaperçu et comme à la dérobée dans un coin de la Charte, sans que personne ait daigné s'en occuper ? Aujourd'hui, combien d'honnêtes citoyens se félicitent dans leur naïveté de la conquête de la dernière loi qui a déféré au jury la connaissance des délits de la presse, et en général de tous les crimes politiques ! Sans doute, disent-ils, il est bien malheureux que Charles X, qui ne

faisait rien à propos, n'ait pas dissous la Chambre des députés quelques mois avant de faire son coup d'état. Une
Chambre nouvelle, née de la révolution, aurait sympa-
thisé avec sa mère; elle nous aurait donné des institutions
vraiment populaires, au lieu de replâtrer celles de la
Restauration; elle aurait conféré des droits politiques à
plus de deux ou trois millions de Français sur trente millions [1]; mais enfin cette Chambre, telle qu'elle était, et
quoiqu'on y vît siéger cent cinquante députés du double
vote, nous a cependant concédé la plus précieuse des garanties, celle de n'être jugés, en matière politique, que
par des citoyens nos égaux, sortis du sein du peuple pour
y rentrer après le jugement.

Ces bons optimistes seront un jour tirés bien brusque-
ment de leurs consolantes réflexions, lorsqu'ils entendront
crier dans les rues l'ordonnance qui renvoie devant la
Cour des Pairs les nommés, etc., prévenus de crime de haute
trahison et d'attentat à la sûreté de l'État. A cette époque, la dynastie sera parfaitement affermie, son alliance
avec les puissances étrangères très-bien cimentée, les
peuples qui avaient eu la fantaisie de suivre notre exemple
auront tous été mis à la raison ou abandonnés à la tutelle
de *nos alliés*,

Et tout sera rentré dans l'ordre accoutumé.

Que diront alors les prévenus de conspirations, de répu-

---

[1] On comprend ici tous ceux qui ont le droit de voter sur quoi que ce soit,
ne fût-ce que sur l'élection des officiers de la garde nationale. Un autre glorieux
résultat de notre révolution, c'est qu'aujourd'hui on peut choisir, pour la nomination de chaque député, entre sept ou huit candidats, tandis qu'autrefois
on ne pouvait choisir qu'entre trois ou quatre.

blicanisme ou de théories subversives ? Comment décliner
la compétence d'une Chambre aristocratique héréditaire ,
par conséquent jalouse au suprême degré de ses priviléges , et qui verra des ennemis personnels dans des accusés démocrates ? On aura beau se débattre contre ce
tribunal d'exception ; on sera garotté par l'inexorable
article 28. Si l'on invoque la loi qui a déféré au jury la
connaissance des crimes et délits politiques, on recevra
pour réponse qu'il faut bien concilier cette loi avec la
Charte , et que le seul moyen de conciliation est d'admettre que la loi n'a voulu parler que des crimes politiques
qui n'étaient ni *crimes de haute trahison , ni attentats à la
sûreté de l'Etat*. On ajoutera que les citoyens ne laissent pas
que d'être libres , quoique leur fortune et leur vie dépendent de la volonté d'un corps de nobles, attendu que la vraie
liberté consiste à se soumettre aux lois ; bonnes ou mauvaises. La loi ! la loi ! s'écrieront les amis du pouvoir, la
première des lois est pour nous ; lui résister, c'est résister
à la souveraineté nationale; et le glaive du pouvoir, ayant
pour auxiliaires quelques dissertations du *journal des Débats ,* entremêlées de railleries et de beaux raisonnemens
contre l'anarchie et le républicanisme, triompheront facilement d'une faible minorité qui n'aura que de la doctrine
à opposer à l'ordre légal.

Ce moyen très à la mode aujourd'hui, d'accorder la
liberté et la souveraineté du peuple avec les institutions
despotiques, rappelle parfaitement le raisonnement ingénieux du chef de je ne sais quelle régence barbaresque.
Ce Musulman logicien , tout en faisant empaler et couper
des têtes , disait à ses sujets prosternés devant lui la face
contre terre : « Vous êtes le peuple le plus libre du monde ;
en effet, en obéissant à ma volonté, vous n'obéissez qu'à

la loi que je suis chargé de faire en vertu de la souveraineté qui vous appartient sans nul doute, mais dont vous
m'avez irrévocablement délégué l'exercice. »

On me répondra sans doute que, par de telles décep-
tions, le pouvoir fausserait de plus en plus ses promesses
de Juillet, que son impopularité irait toujours croissant,
et qu'il courrait lui-même à sa perte. On ajoutera que,
parmi ceux qui ne sont pas contens de notre organisation
sociale, plusieurs expriment franchement le désir de voir
la Pairie restaurée de manière à insulter le plus complè-
tement possible le bon sens et nos mœurs, persuadés que
cette mesure impolitique amasserait contre l'ordre de
choses actuel des trésors de ressentiment et de vengeance
dont le compte se réglerait tôt ou tard. Oui, tôt ou tard,
je le conçois ! Mais en attendant.....

N'allez pas croire, au reste, que ce tribunal, renouvelé
du moyen âge, respecte aucun des salutaires principes de
législation consacrés par la philanthropie et l'humanité.
N'allez pas croire que, devant lui, l'accusé trouve les pré-
cieuses garanties dont nos lois modernes l'environnent,
devant tout autre tribunal : l'intervention du jury pour
décider le point de fait, le droit de récusation, le recours
en cassation après le jugement, inventions roturières, con-
ceptions bourgeoises, presque républicaines, et que dé-
daigne à juste titre une noble cour, spécialement chargée
de maintenir les traditions anciennes, de s'opposer aux
perfectionnemens dangereux de l'esprit humain, et,
comme disait le préambule de la Charte de 1814, *de re-
nouer la chaîne des temps interrompue par de funestes écarts !*
O révolutions de 1789 et de 1830 !

Jusqu'ici l'on s'indigne, mais l'on ne s'étonne pas ; là
où l'on sème de l'aristocratie, on recueille des abus : tout

le monde sait cela d'avance; mais il faut avouer que notre Chambre des Pairs a dépassé toutes les prévisions, et qu'elle a, au-delà même de ce qu'exigeait le vice de sa nature, rétrogradé vers la barbarie du moyen âge. Je ne parlerai pas du maréchal Ney, le brave des braves, le sauveur des débris de l'armée de Russie, à qui cette Chambre ne voulut pas permettre d'alléguer un invincible moyen de défense, le traité conclu avec les étrangers, et sur la foi duquel il s'était livré à ses ennemis. Je me contenterai de parler du jugement des ministres de Charles X.

Je ne veux point chercher ici à réveiller les haines populaires contre de grands coupables; la justice nationale n'a plus rien à leur demander.

Mais que dire de ceux qui ont déclaré solennellement que les crimes de conspiration contre la sûreté de l'État, de complot pour le renversement des lois, de meurtre prémédité des citoyens, ne sont pas des crimes punis par les lois? Quoi! au dix-neuvième siècle, une législation si compliquée, si minutieuse, qui a prévu toutes les nuances des moindres délits, aurait oublié des crimes qui sont punis chez des peuplades naissantes! A qui prétendra-t-on le persuader? On n'avait ici que l'embarras du choix des articles à appliquer; tout jurisconsulte le sait, comme tout homme de bon sens le devine [1].

Vous vouliez, direz-vous, sauver des hommes à qui vous teniez par tant de liens; c'était à eux ou à leurs prédécesseurs, ministres de Charles X ou de son frère, que vous deviez votre magistrature héréditaire, vos dotations, vos places, vos cumuls; comme eux, vous aviez tout à

[1] Voyez entre autres les articles 91, 124, 125 et 304 du Code pénal de 1810.

perdre au débordement de la démocratie ; comme eux enfin, vous maudissiez la révolution de Juillet. Que le coup-d'État eût réussi, et l'on vous aurait vus, votre chancelier en tête, déposer aux pieds de Charles X l'hommage de vos félicitations et lui déclarer qu'un nouveau 18 brumaire venait de sauver la France. Vous ne pouviez donc guère condamner à mort ceux dont vous aviez été presque les complices ; oui, je comprends tout cela, mais je ne vous trouve pas encore justifiés.

Je ne désirais pas plus que vous une condamnation à mort, quoique je fusse conduit par un autre motif, celui de voir notre révolution pure de toute réaction sanglante. Je souhaitais que le Roi pût, sans compromettre sa popularité, commuer la peine prononcée par les lois ; mais vous, Juges, à qui n'appartenait pas le droit de faire grâce, vous n'aviez qu'une seule chance de salut à offrir à vos amis ; il fallait descendre de vos siéges, et vous dépouiller à la fois de vos manteaux dorés, de vos pensions et de vos devoirs de juges.

On aurait pu encore concevoir à toute force qu'en persistant à siéger, les Pairs de France eussent jugé que l'article 14 de l'ancienne Charte était au moins ambigu, et que les accusés ayant cru de bonne foi que le système des coups-d'État était dans cet article, devaient être acquittés.

Ce jugement eût, il est vrai, soulevé l'indignation publique ; mais au moins il aurait pu être compris des gens d'honneur qui s'en seraient plaints. Peut-être auraient-ils vu là une forfaiture ; ils n'y auraient pas vu une lâcheté.

Mais nos magistrats aristocratiques ne voulaient ni s'exposer par un acquittement, ni sévir avec rigueur contre des hommes qu'ils ne désapprouvaient pas très-vivement. Pour se tirer de là, ils ont imaginé un juste-milieu judiciaire qui n'avait, je crois, de précédent chez aucun peuple civilisé et qui confond d'étonnement lorsqu'on y réfléchit.

D'abord les quatre ministres sont déclarés coupables du crime de trahison ; voilà donc l'excuse de l'article 14 écartée. Les lois pénales à appliquer se présentaient en foule, comme nous l'avons dit plus haut ; mais l'on refuse de faire cette application, sous prétexte que la Charte n'a pas défini ce qu'elle entend par *trahison*. Or, remarquez que Louvel, les conspirateurs dits de l'Épingle noire et d'autres encore, traduits devant les mêmes juges pour crime de *trahison*, aux termes de l'article 33 de la Charte de 1814, avaient bien et dûment été condamnés par eux aux peines portées au Code pénal, quoique alors la définition de *la trahison* n'existât pas davantage. O impartialité des grands seigneurs !

Mais enfin sommes-nous au bout des contradictions ? Aucune peine, dit la Cour des Pairs, n'est portée par les lois contre le crime de *trahison*. Courbons la tête devant cet arrêt; mais qu'en résulte-t-il? c'est que les accusés, tout couverts de sang et de boue, doivent nécessairement être acquittés. C'est un principe d'éternelle justice, un axiome qui sert de base à toutes les législations, une sauve-garde sacrée de la sécurité publique, que la loi, et surtout la loi pénale, ne peut avoir d'effet rétroactif. Imaginer une peine pour punir un fait accompli, c'est ce que le législateur n'ose se permettre lui-même, tout souverain qu'il est, parce qu'il sait que ce serait anéantir la société. Aussi lisons-nous en tête de nos Codes cet axiome fondamental : « La loi ne dispose que pour l'avenir, elle n'a point d'effet rétroactif. »

Un homme d'un beau caractère et d'un beau talent,

M. Portalis le père, prononçait à ce sujet ces mots que l'auteur de l'Esprit des lois n'aurait pas désavoués : « Partout où la rétroactivité des lois serait admise, non-seulement la sûreté n'existerait plus, mais son ombre même[1]. »

Un magistrat bien célèbre, M. Merlin, ajoute « que tous les législateurs ont rendu hommage à ces principes. » En effet c'est une de ces lois de bon sens qui ne peuvent être méconnues que par des pouvoirs politiques qui choquent le bon sens lui-même.

Écoutons encore l'auteur du contrat social : « Loin que, dit-il, de peur de laisser un délit impuni, il soit permis dans une république au magistrat d'aggraver la loi, il ne lui est pas même permis de l'étendre aux délits sur lesquels elle n'est pas formelle ; et l'on sait combien de coupables échappent en Angleterre, à la faveur de la moindre distinction subtile dans les termes de la loi. *Quiconque est plus sévère que les lois*, dit Vauvenargues, *est un tyran*[2]. »

C'est un mal sans doute qu'un homme coupable d'une mauvaise action se trouve épargné par l'oubli de la loi pénale; mais ce mal n'est qu'accidentel, tandis que la rétroactivité des peines est un fléau permanent et intolérable.

Toutes nos lois sont d'accord sur ce point. Le Code d'instruction criminelle dit formellement : « La Cour prononcera l'absolution de l'accusé si le fait dont il est déclaré coupable n'est pas défendu par une loi pénale[3]. »

[1] Exposé des motifs du Code civil au Corps législatif.

[2] (Cinquième lettre écrite de la Montagne). On sait au reste que dans le style de J.-J. Rousseau le mot *République* signifie un pays où la justice doit régner plus que dans tout autre. On voit d'ailleurs qu'en forme d'exemple il cite ce qui se passe dans une monarchie.

[3] Art. 364.

La rétroactivité, surtout en matière pénale, ne peut donc pas même résulter d'une loi, et elle résulterait d'un simple jugement! Le législateur brise lui-même cette arme fatale, et elle serait à la disposition d'un corps qui n'a que le tiers du pouvoir législatif! Vraiment on est confondu en voyant de pareils résultats.

Mais ni M. Portalis, ni M. Merlin, ni aucun des grands jurisconsultes modernes ne songeaient à dire qu'un tribunal n'avait pas le droit de faire lui-même une loi rétroactive. Un tribunal n'a le droit de faire des lois, de créer des peines d'aucune espèce, pas plus pour le passé que pour l'avenir. Si on leur eût dit qu'un tribunal se constituerait législateur, donnerait à ses lois un effet rétroactif, et ferait tout cela sans balancer, sans difficulté aucune, avec l'aisance de gens qui ne trouvent rien là-dedans que de fort ordinaire; si on leur eût prédit qu'un arrêt serait rendu en ces termes : «Considérant qu'aucune loi ne punit le fait qu'on impute à l'accusé, considérant *qu'il est urgent d'y pourvoir* (pourvoir à punir ce que la loi ne punit pas!) nous condamnons à la déportation, à la mort civile, à l'emprisonnement perpétuel, » qu'auraient dit ces grands hommes qui ne prévoyaient pas qu'il dût jamais y avoir une Chambre des Pairs? Ils auraient haussé les épaules de pitié et ils auraient répondu :

« La supposition est absurde, car, pour l'admettre, il faudrait croire que tous les ouvrages des criminalistes et des philosophes seront perdus à l'époque dont vous parlez, et que le sentiment des principes les plus élémentaires sera éteint dans la société. En effet, le jugement que vous citez déclare nettement et sans détour qu'il n'existe point de loi pénale, et cependant il applique une loi pénale. Une bravade aussi impudente, un tel étalage de mépris des principes ne sauraient se concevoir dans une société éclairée; votre prédiction est donc fausse, ou bien il faudrait, pour la réaliser, que la France fût replongée dans les ténèbres de l'ignorance. »

Non, non, il n'y a pas ici ignorance; les lois et les principes sont parfaitement connus de la noble assemblée; quelques-uns de ses membres ont même de hautes connaissances; mais ils souriraient de pitié si on leur rappelait tous ces misérables détails de procédure qu'ils connaissent parfaitement, qu'ils respecteraient même partout ailleurs; mais auxquels ils ne daignent pas songer à la Chambre des Pairs. Ces lois, dans le cercle desquelles le peuple s'enferme volontairement, comme dans une barrière auguste, ne sont pour ces hautes notabilités que de faibles réseaux à travers lesquels elles passent avec aisance et comme en se jouant. C'est froidement que ces Messieurs vous disent : « Considérant qu'il est bon de faire une loi pénale pour la circonstance, et de lui donner un effet rétroactif. » Pour les combattre, appelez à votre secours les sages antiques et modernes, entourez-vous des grands jurisconsultes, invoquez, enfin, la sainte majesté des lois. Leur réponse sera brève; ils ne s'amuseront pas à vous réfuter lourdement : ce qu'ils haïssent surtout, c'est le ton d'une dissertation pédantesque; *considérant*, etc., et voilà principes et lois mis de côté. C'est ainsi que doivent agir de grands seigneurs qui ne relèvent que de Dieu, du Roi et de leur épée.

Nous ne sommes pas encore au bout et nous marchons de scandale en scandale. Quelle peine va-t-on appliquer à des faits auxquels on déclare que la loi n'en applique aucune? Est-ce au moins une de celles que nos mœurs et notre législation reconnaissent? Non, il faut que l'usurpation soit complète, et que par elle notre Code pénal se trouve enrichi d'un supplice de plus.

Je ne parle pas de cette condamnation *à la mort civile*, prononcée avec tant d'emphase contre le principal accusé. Dans aucun cas, un tribunal n'a le droit de déclarer qu'un accusé est frappé de mort civile. Chez nous, la mort civile n'est pas une peine ; la loi l'attache à certaines peines capitales, mais seulement après l'exécution. Mais il fallait avoir l'air, aux yeux du peuple, de tuer cet accusé, au moins en paroles. Quelle triste hypocrisie de sévérité ! On nous dira que c'est de la politique. « Ah ! Monsieur, quel crime horrible contre la justice, de prononcer un jugement par politique [1] ! »

Mais que dire de cette peine d'*emprisonnement perpétuel* prononcée contre le principal accusé ? Nulle part nos lois n'ont autorisé l'emprisonnement perpétuel. Elles n'ont voulu admettre d'autres peines perpétuelles que celles qui, comme les travaux forcés à perpétuité et la déportation, entraînent la mort civile par leur exécution. En effet, comment concevoir qu'un homme soit éternellement séparé de sa famille, et que cependant aucun des liens qui l'attachent à cette famille ne soit brisé ? que sa femme soit obligée de vivre loin de lui, et qu'elle continue à lui être unie par un nœud indissoluble ? qu'on interdise à cette femme un nouveau mariage en retenant son mari dans des cachots perpétuels ?

Eh quoi ! les Pairs de France ont donc à leur disposition le choix des tortures ; ils peuvent, à leur gré, mettre à contribution le génie des tyrans et des bourreaux ? Leur toute-puissance de pénalité ne peut être bornée que par

---

[1] Voltaire, Mémoire pour le chevalier de La Barre.

leur clémence et la condescendance qu'ils voudront bien avoir pour l'opinion publique? Tout ce qu'ordonnerait l'imagination en délire d'une majorité cruelle, la force publique devrait l'exécuter? Demandez donc maintenant la révision de vos lois criminelles ; qui vous dit que les rigueurs que vous bannirez de vos Codes ne se retrouveront pas dans la jurisprudence de la Cour des Pairs?

On dira peut-être qu'il y a ici de l'exagération, qu'un cri général s'élèverait contre cette tyrannie judiciaire, si elle allait trop loin ; qu'enfin les peines imaginées par cette omnipotence aristocratique ne seront jamais atroces. Oui, je l'avoue, la société actuelle est assez parfaite pour corriger par son influence les détestables institutions qu'on jette au milieu d'elle. Mais qu'est-ce que cela prouve en faveur de ces institutions?

Oui, je le dis sans détour, le jugement des ministres est un monument qui, dans l'avenir, ferait douter des lumières de notre siècle, si ces lumières ne brillaient d'ailleurs du plus vif éclat. On se demandera par quelle étrange versatilité le peuple français, après avoir proclamé avec tant de solennité les principes les plus purs, les plus philanthropiques de la législation et de la division des pouvoirs, a pu s'enfoncer à pas rétrogrades dans le moyen âge, au point d'offrir dans une seule décision de ses magistrats un amalgame aussi inouï d'iniquité et d'usurpation.

Voilà ce que j'avais à dire de cet *infâme* jugement. J'écris le mot *infâme* en pleine connaissance de cause, et sur ce motif clair et irréfragable : *Ce jugement a déclaré qu'il ajoutait aux lois pénales.* Je me rappelle ces mots de Vauvenargues déjà cités plus haut : *Quiconque est plus sévère que la loi est un tyran*, et je lis dans Voltaire les noms d'*assassins* et de *bourreaux* prodigués en vingt endroits à des juges qui avaient, non pas insolemment *créé*, mais mal *interprété* une loi pénale.

Dans mon intime conviction, les accusés dont je parle, et que la loi punissait de mort, sont aujourd'hui illégalement détenus. Un jugement a déclaré qu'aucune loi ne les atteignait, cette déclaration leur est acquise. Le reste du jugement est d'une nullité radicale, et nul pouvoir n'a le droit de le mettre à exécution.

Je sais que les masses s'inquiètent peu de ces principes abstraits. Les ministres ont été condamnés, cela suffit. Accordez aux vengeances populaires une satisfaction présente, et vous aurez bon marché de l'avenir. Voilà ce qu'on s'est dit, et, par une politique raffinée, on a essayé de mettre une usurpation aristocratique sous l'égide d'une passion populaire.

Mais ne disons pas : Que nous importe? il ne s'agit que des ministres. Non, ce n'est pas des ministres qu'il s'agit, mais de la justice et des lois. Et pour qui les peines de quelques misérables seraient-elles une compensation suffisante des envahissemens d'une ambitieuse oligarchie?

Vous donc qui dites : Que nous importe? il ne s'agit que des ministres ! songez que vous laissez derrière vous un précédent irrévocable, que ce précédent fera jurisprudence; qu'un jour enfin on vous rappellera qu'il n'a excité ni recours ni réclamations. L'aristocratie marche à pas lents, mais elle n'en fait point d'inutiles; écrasée dix fois, elle a dix fois réparé ses défaites. Notre peuple enthousiaste sait fort bien vaincre le monstre, mais ne sait guère profiter de sa victoire. *O Annibal, vincere scis, victoriâ uti nescis.*

Rappelez-vous le fameux article 28 ; songez que la Chambre a admis en principe qu'elle avait un pouvoir arbitraire en matière de peines. Songez de plus que pas un des trois commissaires de la Chambre des députés n'a pensé un instant à contester ce pouvoir; et qu'enfin l'autorité, qui , d'un côté, déclare vouloir faire strictement exécuter les lois, quelles qu'elles soient , et de l'autre renouvelle contre les théories les expressions de dédain que Napoléon lançait aux idéologues, saisira peut-être ce remède légal contre ce qu'on appelle *l'indulgence du jury.*

J'ai montré, et un peu longuement peut-être, qu'une Chambre héréditaire était entraînée par l'instinct même de sa nature à protéger les abus existans et à en créer d'autres à son profit. Mais ce qu'il faut bien remarquer, c'est que ce penchant se fortifie de générations en générations. Les héritiers de ces *fractions de Roi* sont élevés dans la vénération du passé; et les vieilles doctrines étant, pour ainsi dire, sucées par eux avec le lait, il se forme un esprit de famille qui renforce encore le mauvais esprit de l'institution. C'est ainsi que s'établit une jurisprudence du *statu quo,* un ensemble de traditions qui chassent la raison et règnent à sa place .[1]. Ces traditions deviennent les dieux

---

[1] « Aux séances de la Chambre des Pairs, dit Bentham, il n'y a point de siéges pour les spectateurs; le premier rang intercepte la vue et nuit à l'ouïe pour ceux qui sont placés derrière. Quelques membres plus populaires ont proposé à diverses reprises de donner au public un emplacement plus commode; mais la majorité de leurs collègues s'y est toujours refusée, soit qu'ils pensent qu'une attitude pénible est plus respectueuse, *soit par une horreur absolue de tout changement.* »

(BENTHAM, *Tactique des Assemblées législatives,* chap. 3.)

On a vu en Angleterre lord Eldon, ancien chancelier, vieillard octogénaire, passer les nuits à présider la Chambre des lords, assis sur le fameux sac de laine, sans dossier, ayant ses papiers sur ses genoux, et sur chacune des extrémités du sac un flambeau qui, agité par les mouvemens

pénates d'un culte domestique et héréditaire, et tandis que les nations, conduites par des hommes supérieurs sortis de leur sein, s'élancent pleines d'ardeur et d'espérance, et emportent en avant le char de la civilisation, les représentans du passé *s'attèlent par derrière*, comme l'a dit un poète moderne, et traînent à reculons; état d'inertie fatigante dont on ne sort que par des déchiremens, et qui a été, comme on sait, pour imposer aux dupes, décoré du nom pompeux de *balance des pouvoirs*.

Si, dans l'aristocratie, les fils succèdent ordinairement aux préjugés de leurs pères, ils succèdent rarement aux talens et aux vertus que ceux-ci ont pu avoir. Presque toutes les races de haut parage dégénèrent et s'abâtardissent. Plus la suite d'aïeux desquels on tient ses prérogatives se prolonge dans le passé, plus on s'habitue à regarder ces prérogatives comme une propriété de famille que l'on n'a pas besoin de mériter. C'est alors qu'on peut voir les nullités les plus choquantes, les vices les plus scandaleux, que le vote des citoyens auraient repoussés des plus minimes emplois, guindés par le hasard de la naissance aux fonctions les plus augustes, où ils excitent tour à tour le rire et l'indignation. Comment vient-on présenter de pareilles choses à l'esprit français, si raisonneur et si railleur tout à la fois? Que de huées et de sifflets, lorsqu'on verra peut-être des législateurs imberbes, à qui le manteau de pair aura servi de maillot, quittant leurs compagnons de plaisirs, leurs chiens et leurs chevaux, apporter sur les bancs du Sénat français ce que Desmahis

du noble président, ne donnait qu'une lumière vacillante. Il ne pouvait songer à prendre une posture moins gênante, puisque celle-ci avait été, de temps immémorial, celle des chanceliers d'Angleterre.

regardait comme l'apanage des jeunes nobles de son temps :

> Des sens flétris, une ame vide
> Et de grands noms déshonorés;

Et là trancher des questions qu'ils sont à peine en état d'étudier! O Washington! ô Jefferson! et vous, Sénat américain, qui fîtes à Lafayette le plus grand honneur qu'un mortel puisse recevoir, en l'admettant à siéger dans votre sein, citoyens du Nouveau-Monde, que vous êtes donc grands! Et nous,.... et nous, que nous nous efforçons d'être petits!

L'aristocratie ne pouvant, comme nous l'avons dit, compter sur les qualités personnelles de ses membres pour obtenir le respect public, cherche tout naturellement à compenser ce désavantage, en se faisant de l'éclat de la fortune, de tous les entourages du luxe, un moyen d'éblouir le vulgaire. De là les lois impolitiques et immorales qui concentrent la propriété entre ses mains.

En vain les économistes [1] ont-ils cent fois prouvé que la division des propriétés accroissait l'aisance publique en augmentant les produits, rendait le peuple plus heureux et en même temps plus moral et plus attaché aux lois et à sa patrie; que l'inaliénabilité des biens substitués de mâle en mâle paralysait les transactions sociales, enfantait une multitude de fraudes, ruinait les créanciers, et donnait une prime aux banqueroutes des grands seigneurs; à cela on a toujours répondu : Que voulez-vous? il nous faut une aristocratie.

---

[1] *V.* le Traité d'économie politique de M. Say et l'excellent Commentaire de M. Destutt de Tracy sur l'Esprit des lois, livre qui est, comme l'a dit Lafayette, classique aux États-Unis et qui mérite de le devenir en France.

Napoléon fit le premier, depuis 1789, la faute énorme de sacrifier les intérêts du peuple à la vanité de refaire une noblesse : il institua des majorats. Le sénatus-consulte du 14 août 1806, que les Bourbons ont eu grand soin de ne pas laisser tomber en désuétude, permit au chef du gouvernement de mettre hors du commerce autant de biens qu'il lui plairait, en les substituant de manière à ce qu'ils fussent reversibles de mâle en mâle.

Mais au moins sous Napoléon l'érection des majorats n'était que permise ; elle n'était ordonnée à personne. Il en fut autrement après la Charte de 1814, et une ordonnance du 25 août 1817 imposa, comme une nécessité, les majorats à la Chambre des Pairs. Cette ordonnance régulatrice de l'institution de la pairie est en harmonie parfaite avec cette institution elle-même. Du reste, on a continué à autoriser des créations de majorats hors de la Chambre des Pairs.

Maintenant, si l'on conserve l'hérédité de la pairie et, par contre-coup, les majorats, qui peut savoir jusqu'à quel point pourra s'augmenter cette masse de propriétés réunie dans quelques mains, à laquelle les successions et les alliances ne cesseront d'ajouter? Les fils aînés de pairs auront à choisir, comme par le passé, entre les plus riches héritières. Avant la révolution de Juillet, ces fils aînés étaient cotés, dit-on, à quatre cent mille francs dans les études des notaires de Paris. Ces Messieurs doivent être aujourd'hui considérablement en baisse. Espérons que la hausse ne reviendra pas, et que nous ne verrons pas chez nous l'orgueil donnant la main à la cupidité, échafauder à la longue ces fortunes monstrueuses qui épouvantent l'Angleterre, et qui ont pour compensation la corruption des bourgs-pourris, la misère des classes ouvrières et la taxe des pauvres.

Que de promesses, hélas! ont été déçues depuis quarante années! Que de sang, que de larmes versées! Que d'efforts inouis pour l'émancipation de la France et de l'humanité! Non, l'on ne peut concevoir quelle ivresse d'espérance transportait toutes les ames à l'aurore de la révolution de 1789. Il semblait que tous les préjugés et tous les maux qu'ils enfantent allaient disparaître devant l'éclat d'une civilisation dont rien encore n'avait approché sur la terre. Que d'illusions aujourd'hui dissipées! Où sont le suffrage universel, l'élection des juges, l'abolition de tous les monopoles, la justice rendue accessible aux pauvres citoyens, l'allégement des impôts, la responsabilité des agens du pouvoir? théories sans doute, pour lesquelles tant de héros, *pieds nus et sans pain,* avaient la sottise d'aller se faire tuer sur la frontière.

1789 nous a cependant légué de grands bienfaits. Qui peut le nier? Mais au moins ne les laissons pas échapper. Un de ces bienfaits est sans aucun doute la diffusion de la propriété parmi le peuple. Les grandes fortunes, divisées et subdivisés, sont allées, par une circulation rapide, porter au sein des basses classes un peu d'aisance et de bonheur. Depuis la prodigieuse augmentation des propriétaires fonciers en France, l'amélioration physique et intellectuelle du peuple a été sensible. Voilà ce qu'on a voulu anéantir depuis la Restauration, en reconstituant l'aristocratie territoriale. Pendant long-temps des courtisans doctrinaires, gens engraissés de monopoles et de cumuls, ont poursuivi de leurs regrets le temps de l'extrême opulence et de l'extrême misère. Le sol, disaient-ils, étaient mis en poussière : il fallait arrêter ce nivellement général, et placer les classes inférieures sous la tutelle des *grandes existences*. Aujourd'hui on n'ose plus dérouler ce plan avec tant de complaisance, mais on ne l'abandonne pas. Pairie héréditaire, majorats, substitutions, grande propriété, tout cela se tient. La Pairie héréditaire, pour n'être pas isolée, aura besoin d'avoir au-dehors des appuis aristocratiques ; ceux-ci en exigeront d'autres à leur tour, et de conséquence en conséquence on sera conduit à une espèce d'hiérarchie féodale. La Chambre des Pairs est, dans la pensée de ces Messieurs, le premier anneau de cet immense réseau aristocratique qui couvrirait la France.

On a prétendu que des Pairs héréditaires, législateurs délégués par le hasard, mais possédant une grande fortune, offriraient à ce titre une puissante garantie, d'abord de leur bonne éducation et de leurs excellentes études, ensuite de leur indépendance du pouvoir. On a conclu de là que l'hérédité, insoutenable en théorie, pourrait avoir de bons effets en pratique. Mais, je l'avoue, je suis peu touché de cette considération. D'abord c'est une erreur que de croire que l'indépendance doive se mesurer sur la richesse. L'ambition et la cupidité ne disent jamais : C'est assez. Les jouissances du luxe, au lieu d'apaiser les besoins, en font souvent naître de nouveaux, et l'on a remarqué que les grands seigneurs étaient plus souvent endettés que tous autres. Comme l'a dit le poète, ils sont moins riches de ce qu'ils possèdent que pauvres de ce qu'ils n'ont pas.

D'ailleurs l'homme a besoin d'avoir un but devant lui. Une activité naturelle le pousse à se créer son bien-être, à conquérir lui-même sa fortune. Il compte pour rien les biens qu'il a reçus de ses ancêtres et dont la possession lui semble un élément essentiel de son existence. Montrez-

moi un citoyen blanchi dans les affaires publiques, que
le suffrage de ses concitoyens appelle à siéger dans la première assemblée de l'État; qu'entouré de respects et
d'honneurs, la munificence de la nation lui permette de
soutenir son rang d'une manière non pas éclatante, mais
honorable, certes, je verrai là des garanties d'indépendance. Mais je n'en vois point dans les richesses d'un
pair qui, gâté dès son enfance par les faveurs de la fortune, entouré de grands personnages avec lesquels il ri-
valise d'éclat et de dépense, respirant de près l'air de la
cour, puisque cour il y a, voudra probablement tirer
parti de sa position, se pousser, comme on dit, désirera
des cordons, des places, enfin tout ce que sa naissance
ne lui aura pas donné.

Quand avons-nous vu nos assemblées nationales offrir
un exemple à peu près général d'incorruptibilité et de
désintéressement? C'est lorsque, pour être élu membre
de ces assemblées, on n'avait pas besoin de justifier de sa
capacité intellectuelle en écus et en arpens de terre. Les
députés recevaient alors une subvention de l'État pendant
la durée de leurs fonctions : cet accroissement de fortune
satisfaisait leur ambition ; et, rétribués par la loi, ils ne
songeaient pas à se faire rétribuer par le ministère. Nos
doctrinaires anglomanes ont rejeté ce système si simple,
si raisonnable ; ils n'ont voulu admettre au sein de la représentation nationale que de grands propriétaires, et
ont transformé leur cote de contributions en un certificat
de désintéressement. On sait ce qui en est arrivé, et
quelle effroyable corruption a déshonoré presque toutes
les assemblés qui se sont succédées depuis la Charte. Non,
jamais le vice opulent n'a été désintéressé.

On nous dit que la fortune des Pai...

rantie de leur éducation et de leur instruction. Mais il faudrait d'abord examiner jusqu'à quel point les héritiers de ces nobles familles chercheront à profiter des moyens qu'ils ont de s'instruire ; ensuite on pourrait demander si le zèle des instituteurs les plus habiles peut toujours triompher des vices naturels de l'esprit et du cœur. Mais il y a encore une meilleure réponse à faire.

Pourquoi vous emprisonner ainsi dans le cercle étroit d'un petit nombre de familles, et remettre les destinées de notre France entre les mains de quelques pédagogues? N'avez-vous pas à choisir dans l'immense famille du peuple français, race fertile en grands talens et en grandes vertus? A l'aurore de notre révolution, avous-nous eu besoin, pour trouver d'habiles généraux, de recourir à la postérité des Luxembourg et des Villars? Non, les chefs des nations naissent au milieu d'elles, et leur supériorité se développe par mille circonstances accidentelles aussi ignorées que leur origine, comme on voit quelques arbres au milieu d'une forêt élever leur tête au-dessus de tous les autres arbres de leur espèce. Voilà une végétation vigoureuse que vous n'obtiendrez jamais dans ces serres chaudes de l'aristocratie, où, à force de soins, vous prétendez faire pousser votre graine de grands hommes.

J'ai vu cependant des hommes d'un mérite supérieur qui étaient frappés de cette idée, que certaines assemblées aristocratiques, par exemple la Chambre des Pairs d'Angleterre, avaient souvent montré plus de hauteur de vue, et surtout plus de dignité politique à l'égard de l'étranger, que des assemblées françaises, produits de l'élection. Mais quelle était cette élection, s'il vous plaît? Était-elle nationale ou laissée aux mains d'un certain nombre de privilégiés? De plus, les conditions d'éligibilité n'im-

posaient-elles pas de très-mauvais choix , en les restrei-
gnant à un petit nombre d'individus [1] ? S'il en était ainsi,
qu'on cesse de se plaindre de la faiblesse de ces assemblées électives et démocratiques ; car l'élection était vi-
cieuse , et n'avait de démocratique que le nom. Certes , si
les assemblées électives qui ont fait notre première révolution ont été entraînées dans des mesures exagérées par
l'inexpérience du temps et le défaut absolu de contre-
poids, elles n'ont manqué, du moins, ni *de hauteur de vues,*
ni *de dignité politique à l'étranger.*

Pour défendre la Pairie héréditaire, on a mille fois cité
l'exemple de l'Angleterre qui la conserve comme un des
rouages nécessaires de sa constitution ; et, chose incroya-
ble ! les mêmes hommes qui traitent de vaines théories
l'imitation du système de gouvernement des États-Unis ,
fondé tout entier sur la raison et le bon sens, proposent
l'imitation du système de l'Angleterre , basé sur des préjugés et des coutumes locales. Ennemis des théories , ne
nous présentez donc pas celle de toutes qui est la plus
factice , la plus irrationnelle , la plus antipathique à notre
esprit et à nos mœurs !

Laissons là l'Angleterre avec son antique constitution,
ou plutôt avec ses antiques usages. J'ai déjà parlé plus
haut de l'attachement qu'elle montre souvent pour les
coutumes que l'on peut le moins justifier. Que de temps
et de peines il a fallu pour que les meilleurs esprits de
cette nation parvinssent à y ébranler l'absurdité des

---

[1] Comme je l'ai déjà dit dans une note, avant la loi de l'année dernière sur
les élections, on avait à choisir entre trois ou quatre personnes pour chaque
place de député ; depuis cette loi, on peut choisir entre sept ou huit. Cela résulte du rapport même de la commission de la Chambre des députés.

3

bourgs-pourris ! Comme toutes les autres institutions anglaises, la Pairie héréditaire subsiste parce qu'elle est antique ; son droit est un droit de possession , et l'origine de ce droit se perd dans la nuit des temps. C'est un arbre profondément enraciné dans le sol, qui, lors même que le souffle du radicalisme aura achevé de dessécher ses vieilles racines , restera peut-être encore long-temps debout par le poids de sa masse. La Pairie héréditaire anglaise , c'est la féodalité qui, en Angleterre, a toujours été vivante dans le gouvernement de l'État et dans l'esprit des peuples ; qui a arraché la grande Charte au roi Jean , et fait avec les communes la révolution de 1688. En France, au contraire, cette même féodalité, devenue oppressive, tracassière , et soigneuse de l'étiquette et des préséances plutôt que des grands intérêts nationaux , est venue expirer de langueur dans les antichambres de Louis XIV, et ses cendres même ont été jetées au vent dans la nuit du 4 août 1789. Désormais, la liberté et la féodalité ne peuvent avoir rien de commun en France que leur haine réciproque. « Prenez garde, disait Napoléon[1], qu'elle est en désharmonie avec l'état présent des esprits ; elle blessera l'orgueil de l'armée , elle trompera l'attente des partisans de l'égalité. La Pairie anglaise *est au-dessus du peuple , mais elle n'a pas été contre lui.* Ce sont les nobles anglais qui ont donné la liberté à l'Angleterre, la grande Charte vient d'eux. Ils ont grandi avec la constitution, et sont un avec elle. »

Cette Pairie anglaise , protégée par le culte des souvenirs et de la reconnaissance , fonde encore ses priviléges sur un autre titre. La grande propriété , qui heureuse-

---

[1] Cité par B. Constant.

ment ne se retrouve plus en France, existe en Angleterre, comme nous l'avons déjà dit , au profit de l'aristocratie ; c'est un fait désastreux sans doute, et qui réduit à la condition d'îlotes la majeure partie de la population anglaise; mais enfin , c'est un fait qui , une fois reconnu , doit avoir ses conséquences. Or, une de ces conséquences toutes naturelles , c'est que l'immense propriété territoriale de l'aristocratie ait dans le Parlement une représentation à part. Mais quelle application cela peut-il avoir en France? N'est-il pas risible de voir nos pygmées politiques, nos petits agioteurs , nos petits ex-censeurs , plébéiens aristocracrates qui n'ont pour vivre que les pensions et les cumuls, vouloir se représenter eux-mêmes , et former, à l'instar des hauts barons de l'Angleterre, une classe à part dans la nation [1]. Des Pairs héréditaires qu'il faut solder à l'année ! un abus qui périrait si l'on ne prenait soin de le payer ! En vérité cela est trop fort. Quand on veut choquer l'esprit national, encore faudrait-il que ce ne fût pas avec l'argent de la nation.

La Pairie héréditaire n'aurait donc chez nous aucune des bases de la Pairie héréditaire anglaise. Ce serait un effet sans cause , et tout ce que je viens de dire se trouve parfaitement résumé dans ces mots de Napoléon qui repoussait l'hérédité en 1815 : « Cinq ou six noms illustres ne suffisent pas; sans souvenirs, sans éclat historique, sans grandes propriétés, sur quoi ma Pairie sera-t-elle fondée? »

« Écoutons encore Benjamin Constant : « Il y a confu-

---

[1] On sent bien que j'ai surtout en vue ici les ardens avocats de la Pairie héréditaire, à qui elle est promise depuis un an, et non les véritables notabilités qu'on trouve dans la Chambre des pairs.

sion d'idées , dit-il, dans la tête de ceux qui parlent des avantages d'une hérédité déjà reconnue, pour en conclure la possibilité de créer l'hérédité. La noblesse engage envers un homme et ses descendans le respect des générations non-seulement futures, mais contemporaines. Ce dernier point est le plus difficile. On peut bien admettre un traité de ce genre, lorsqu'en naissant on le trouve sanctionné ; mais assister au contrat et s'y résigner est impossible , si l'on n'est la partie avantagée. *L'hérédité s'introduit dans des siècles de simplicité et de conquête ; mais on ne l'institue pas au milieu de la civilisation.* Elle peut alors se conserver , mais non s'établir. Toutes les institutions qui tiennent du prestige ne sont jamais l'effet de la volonté, elles sont l'ouvrage des circonstances [1]. »

(De l'Esprit de l'Usurpation.)

En voilà assez sur l'hérédité. Ses partisans ne peuvent certainement triompher en théorie, et ils ont contre eux un fait bien puissant , l'opinion publique ; mais ils se retranchent derrière une espèce de fin de non-recevoir. Ne pouvant prouver que la Pairie héréditaire est un bien, ils essaient au moins de prouver que c'est un mal nécessaire, et leur apologie de cette institution se réduit à un défi de trouver mieux. La logique la plus rigoureuse, nous disent-

---

[1] M. Benjamin Constant sur l'autorité duquel un député s'est appuyé, par distraction sans doute, en se déclarant partisan de l'hérédité de la Pairie, avait seulement dit qu'en théorie il la croyait bonne à maintenir dans un gouvernement monarchique, lorsqu'elle existait dans les mœurs , et en même temps il reconnaissait qu'il était à peu près impossible de la créer en France. Mais plus tard, B. Constant est revenu même sur cette concession faite à l'aristocratie ; et, dans son *Histoire des Cent Jours*, il déclare qu'il regarde l'hérédité comme radicalement mauvaise.

ils, doit céder à la nécessité ; si l'on rejette la Pairie héréditaire, comment constituer la seconde Chambre, qui, suivant la Charte, est une portion essentielle de la puissance législative. Abandonnez-vous au Roi le choix de ses membres ? vous leur enlevez leur indépendance. En laissez-vous la nomination aux électeurs ? la Chambre des Pairs n'est plus alors qu'une doublure de la Chambre des Députés, un rouage inutile dans la Constitution. On pourrait résumer ainsi la thèse de ces optimistes : « Nous trouvons dans la Pairie héréditaire la seconde Chambre la moins mauvaise dans le moins mauvais des gouvernemens monarchiques possibles. »

Certes, je suis loin de contester la nécessité d'une seconde Chambre ; les hommes enthousiastes qui s'étaient persuadés qu'une seule assemblée législative réfléchirait toujours fidèlement la volonté nationale et que son omnipotence serait contenue dans de justes bornes par la force de l'opinion publique, ont fait une malheureuse expérience. L'Assemblée constituante, comme on le sait, rejeta avec mépris la proposition de créer une seconde Chambre ou Sénat que cependant le côté droit lui-même ne parlait pas de rendre héréditaire ; et Mirabeau, tout imprégné qu'il était des idées anglaises, aida à enlever de la Constitution cette clef de la voûte. Lafayette, dans une lettre adressée lors des dernières élections à ses commettans de Meaux, a rappelé quel fut son chagrin lorsqu'il vit qu'on dédaignait ainsi les leçons de la sagesse américaine, déjà digne alors des regards de l'Europe, et qui depuis, toute resplendissante de quarante nouvelles années d'heureux et féconds résultats, ressemble à un fanal destiné à éclairer le genre humain.

Que Lafayette qui déplore le passé se rassure pour l'avenir. Une génération s'élève chez qui les idées de liberté ne sont pas le fruit d'un vain enthousiasme de tête, mais d'un mûr examen de la raison, et qui, au lieu d'une classique admiration pour les mœurs et la liberté des Républiques antiques, professe un attachement réfléchi pour les principes de constitution et d'économie politique sur lesquels on peut fonder de bons gouvernemens modernes. Jeunesse qui cache une froide raison sous un extérieur passionné, attendant beaucoup de l'avenir, et sûre que les préjugés introduits dans l'ancien monde par l'ignorance et la conquête tomberont devant les idées d'ordre et de bon sens qui font le bonheur du nouveau monde !

On voit encore aujourd'hui quelques hommes qui persistent à nier la nécessité d'une seconde Chambre ; ils se fondent sur les raisons que l'on donnait déjà en 1791 et que l'expérience a réfutées. La nation ne serait pas souveraine, disent-ils, si des représentans n'avaient pas l'exercice de sa souveraineté ; lorsqu'ils ont prononcé, qu'est il besoin d'une nouvelle délibération ?

Il est aisé de voir que ce raisonnement n'est qu'un sophisme. Qu'on me passe une comparaison triviale : un individu qui prépose un intendant à ses affaires se dépouille-t-il de ses droits, parce qu'il ordonne à cet intendant qui le représente de ne rien faire sans le concours d'une autre personne sage et expérimentée ? Au contraire il se montre plein de vigilance pour ces mêmes droits. C'est là précisément ce que fait un peuple qui confie l'exercice de sa souveraineté à deux assemblées ; dans ce cas, la représentation nationale est divisée, et cette division est une œuvre de sagesse. L'omnipotence remise à un seul corps politique, dans le sein duquel les passions fermentent et s'allument par leur contact, dégénère tôt ou tard en usurpation et en tyrannie, lui opposât-on même la faible égide d'un *veto* du pouvoir exécutif. Une nation souveraine de nom court grand risque d'être esclave de fait lorsqu'elle est soumise à une assemblée dont les moindres caprices, armés de la puissance publique, courent se faire obéir au fond du hameau le plus reculé. Une seconde Chambre est une barrière qui arrête les empiètemens de la première.

Lorsque les Chambres ont, comme aux États-Unis, leurs racines dans la nation ; que toutes deux, quoique ayant une physionomie différente, ne présentent dans leur constitution aucun vice essentiel, comme serait l'hérédité, qui les rende impopulaires, la liberté est véritablement établie sur l'ordre. « Le vaisseau de l'État, dit Bentham, assuré par ces deux ancres, possède une force de résistance contre les tempêtes qu'il ne pourrait obtenir par aucun autre moyen [1]. »

Napoléon qui avait l'instinct des bonnes institutions, quoique cet instinct fût souvent étouffé chez lui par le désir du pouvoir, employait en 1815 une comparaison à peu près semblable. Il disait qu'un gouvernement avec une seule Chambre était pareil à un ballon qui, n'ayant d'autre soutien que l'air qui l'emporte, vogue au hasard et sans direction, tandis qu'un gouvernement avec deux Chambres était comme un vaisseau qui, ayant les flots pour point d'appui, marche avec l'aide des vents dans une route certaine [2]. Il est vrai que Napoléon eût désiré qu'une de ces deux Chambres fût aristocratique ; mais

---

[1] Tactique des Assemblées législatives, Chap. 4.

[2] *V.* B. Constant, Histoire des Cent Jours.

nous avons vu qu'il avouait qu'on ne trouvait pas en France d'élémens propres à la former.

La nécessité d'une seconde Chambre une fois reconnue, recherchons comment elle doit être constituée. C'est ici que se présentent les véritables difficultés. Cette question d'organisation politique est réellement une de celles qui ont été le moins éclaircies en France. On fait partout des déclarations de principes contre l'hérédité de la pairie, mais fort peu de gens peuvent dire ce que deviendra la pairie. Les professions de foi se sont multipliées, très-honorables sans doute pour le caractère de ceux qui les ont faites, mais peu instructives pour ceux qui les ont lues. Là-dessus point d'opinion publique largement formée. Quant aux ministres, ils sont loin de pouvoir la diriger, puisque M. Casimir Périer, dans sa lettre aux électeurs, a déclaré qu'il avait besoin d'entendre les discussions de la tribune même pour avoir un avis sur la question de l'hérédité. Enfin, personne n'est assez éclairé, et le moment de décider approche. Aussi est-il à craindre que ce ne soit par des votes improvisés et par des escarmouches d'amendemens qu'on enlève une loi de laquelle dépend le repos et le bonheur de la France.

S'il en est ainsi, et en supposant même que l'hérédité soit rejetée, qu'aurons-nous en échange? Très-probablement une de ces lois bâtardes, bigarrure grotesque à laquelle chaque parti aura cousu un lambeau, *assuetus pannus et alter*, une loi qui, n'ayant point de base rationnelle, n'obtiendra point de sympathie nationale; une loi qui, sans doute, pour esquiver la question de l'élection, fera proposer des candidats au Roi par le peuple, ou au peuple par le Roi, ou encore attribuera à chacun d'eux une partie des nominations; juste-milieu entre des idées disparates, œuvre morte-née comme toutes ces lois de la presse et des élections, faites sans croyances, sans principes, et qui, toujours déclarées fermes et stables à jamais par la sanction royale, sont changées périodiquement tous les deux ou trois ans.

C'est dans ces circonstances que j'ose ouvrir une opinion sur le mode de constituer la seconde Chambre. Cette opinion serait bien peu de chose sans doute si elle n'avait été soumise à l'examen de personnes éclairées, et appuyée de l'autorité du peuple le plus libre et le plus paisible du monde. Avant de m'expliquer, je dirai deux mots de quelques systèmes nouveaux qui ont été présentés.

Tous les reproches que nous avons adressés à une Chambre des Pairs héréditaires, peuvent se réduire à celui-ci : qu'elle ne représente point d'intérêts généraux ; car son impopularité, qui l'empêche d'être une garantie d'ordre public, et sa tendance à maintenir et à créer des abus, ne sont que des suites de ce premier vice radical.

Le nœud du problême est donc de trouver une seconde Chambre qui représente des intérêts généraux, et qui cependant ne soit pas une autre Chambre des Députés.

Cette assemblée, qui aurait aussi sa popularité, pourrait exercer sans danger un pouvoir modérateur, et, de plus, n'envisageant pas les choses tout-à-fait sous le même point de vue que la première, quoiqu'elle les vît toujours sous un point de vue d'intérêt général, elle serait éminemment propre à corriger les fautes d'exagération ou de négligence dans lesquelles une seule assemblée, trop préoccupée d'un seul ordre d'idées, est exposée à tomber.

Supposons la seconde Chambre viagère et à la nomination du Roi : il est évident que cette Chambre ne représentera rien du tout. Si les ministres font de bons choix,

elle pourra offrir une réunion de notabilités très-recom-
mandables; mais une réunion de notabilités n'est pas une
assemblée politique. Il faut, pour animer un corps politique, un esprit de sève et de vie qu'il ne peut puiser que
dans la nation, et qui ne résulte pas de combinaisons fac-
tices. Napoléon disait qu'on ne verrait dans sa Chambre
des Pairs *qu'un camp ou qu'une antichambre*. Qu'on y mette
des savans au lieu de courtisans et de militaires, on aura
une académie, mais point d'assemblée nationale. Tous ces
gens-là ne feront, comme disait Napoléon, que des *cham-
pignons de pairs*.

Si, au contraire, la seconde Chambre est à la nomination
des électeurs, dès-lors elle n'est qu'une section de la première et ne saurait remplir sa destination. On proposera
sans doute, pour modifier sa nature, de la rendre viagère
et inamovible. Mais c'est un principe élémentaire que
l'inamovibilité des législateurs ou des magistrats, excel-
lente institution lorsqu'ils sont nommés par le Roi, parce
qu'elle protége leur indépendance contre la volonté royale,
est un non-sens lorsqu'ils sont nommés par la nation; car
qui peut prétendre à être indépendant de la volonté nationale?

Je ne parle pas ici des systèmes mixtes qui consistent à
faire proposer des candidats ou à partager le droit de nomination. Je dirai seulement que l'adoption de ces systèmes est un excellent moyen de se tirer d'affaire quand on
ne sait quel parti prendre, et que le système des candidats
a surtout pour résultat pratique le choix des médiocrités.

J'arrive à ma conclusion, et peut-être aurais-je dû y
arriver depuis long-temps.

Il n'y a, en France, que deux classes d'intérêts généraux qui excitent de puissantes sympathies. Les intérêts

qui se présentent d'abord à nous sont ceux de l'individu,
du citoyen, de cette multitude dont chaque membre a
droit aux garanties et aux avantages de la société, qui
demande de bonnes lois civiles, de bonnes lois criminelles, l'aisance au-dedans, la dignité au dehors, la liberté de
penser, de parler et d'agir, tous les moyens d'atteindre la
perfection et le bonheur, enfin ce qu'on a appelé, à tort
ou à raison, *les droits de l'homme*. Voilà les intérêts que
doit représenter une Chambre des députés.

Mais ces mêmes individus, ces mêmes citoyens, qui ont
des intérêts comme membres de la grande famille, en ont
d'autres comme membres des différentes parties du territoire, provinces ou départemens, suivant la position géo-
graphique, le commerce ou l'industrie particulière de
chacune d'elles. Ces intérêts locaux doivent être respec-
tés, et la majorité du Nord, par exemple, en matière
d'impôts et de douanes, ne doit pas exploiter à son profit
la minorité du Midi. De plus, la souveraineté de la nation
doit se renfermer dans de justes limites, quant à la direction
des affaires particulières de ces localités, à qui l'on doit
reconnaître une sorte d'indépendance administrative.
Ces intérêts si actifs, si puissans, qui attachent si bien le
citoyen à la patrie commune, sous la protection de laquelle
ils subsistent, voilà ce que doit représenter la seconde
Chambre, voilà ce que représente le sénat américain.

On me répondra sans doute que les vingt-quatre États de
l'Amérique du Nord sont indépendans les uns des autres,
et exercent dans leur intérieur une souveraineté complète
sur toutes les matières qui n'ont pas été réservées à la fé-
dération. Mais cela ne détruit en rien ce que je viens d'é-
tablir; cela prouve seulement que les États de l'Union ont

beaucoup plus d'intérêts distincts que les départemens de la France.

Dans ce système, la Chambre des députés représentant la nation entière prise comme une vaste réunion d'hommes, le nombre des députés nommés par chaque département doit être en proportion de la population qu'il renferme. Ainsi, en prenant un député par 50,000 individus, ce qui donne à peu près six cents députés, un département qui contiendrait une population double, triple ou quadruple d'un autre, aurait deux fois, trois fois, quatre fois plus de députés ; le département de la Seine, par exemple, qui a plus de 900,000 habitans, aurait dix-huit députés, et le département des Hautes-Alpes, qui n'a que 125,000 habitans, aurait deux députés.

Le Sénat, au contraire, représente les intérêts des grandes fractions du territoire. Ces intérêts, distincts les uns des autres, devant être également protégés, il suit de là que chacune de ces grandes fractions, quel que soit le nom qu'on lui donne, doit avoir le même nombre de sénateurs. On peut supposer deux sénateurs par département, ce qui en porterait le nombre à 172. Le département de la Seine et celui des Hautes-Alpes en auraient donc également deux. On sent bien que la majorité des citoyens aura toujours une juste influence par sa prépondérance dans la Chambre des députés, mais cette prépondérance sera tempérée par la combinaison que j'indique. Dans cet heureux système, les diverses localités, rassurées par leur représentation spéciale, ne se plaindront plus d'une tyrannie constitutionnelle ; le Midi cessera de gronder contre le Nord, et l'on atteindra cet état de paix qui ne s'obtient que par une protection réelle accordée à tous les intérêts.

D'après cet exposé, on conçoit qu'il faut que les députés qui représentent la nation prise en masse puissent être choisis indistinctement parmi tous les citoyens, tandis que les sénateurs doivent être domiciliés dans le département dont ils sont les représentans spéciaux.

Dans la constitution des États-Unis, on trouve une combinaison savante, même en ce qui concerne la durée de chacune des deux assemblées. Le Sénat, étant un pouvoir modérateur, une assemblée d'ordre et de stabilité, ne se renouvelle que par séries, en sorte qu'un tiers des sénateurs sort de charge tous les deux ans. De plus les intérêts administratifs et locaux exigent surtout un esprit de suite et de tradition. Au contraire, la Chambre des représentans ou des députés, organe des idées générales qui circulent dans la nation, expression vivante du mouvement des esprits, se renouvelle intégralement tous les deux ans.

Je regrette qu'une disposition réglementaire de la Charte fixe à cinq ans la durée de notre Chambre des députés. Il me semble que le laps de trois ans était bien suffisant pour une assemblée, qui, pendant sa durée, ne reçoit point de nouvelles adjonctions, et, par conséquent, point de renfort de popularité. Les hommes s'usent vite en France ; or des législateurs qui ont perdu la confiance publique organisent souvent l'anarchie en croyant organiser le bon ordre. Si la Chambre des députés était réélue en entier tous les trois ans, et qu'à l'expiration du même temps, on renommât un sénateur pour chaque département, de telle sorte que chaque sénateur restât six ans en charge, et qu'ainsi le Sénat se renouvelât tous les trois ans par moitié, je pense qu'on aurait approché de bien près de la solution du problême.

On remarquera, au reste, que je ne prétends nullement

préjuger la question de savoir si, pour constituer le Sénat, on s'arrêtera à la division actuelle du territoire par département, ou si, pour cet objet seulement, on ne réunira pas plusieurs départemens ayant des intérêts communs et qui auraient désormais une représentation sénatoriale commune, comme on en réunit plusieurs pour former un ressort de Cour royale ou une division militaire. J'omets ici d'ailleurs quelques détails statistiques qui lasseraient la patience du lecteur.

Le choix des sénateurs pourrait être confié, dans chaque département ou réunion de départemens, aux grands corps administratifs qui eux-mêmes auraient été nommés par le peuple. Il est évident que le Sénat tirera de cette origine de l'éloignement pour les innovations trop brusques, sans que cependant il veuille le maintien des abus, car le principe de résistance qu'il renfermera en lui, se trouvant modifié suivant l'esprit public par l'amovibilité da ses membres, en fera un corps ferme, mais non pas stationnaire.

Ce Sénat sera éminemment propre à réviser les lois sorties de la Chambre des députés. Ce ne sera plus l'aristocratie luttant contre la démocratie, l'intérêt d'une caste contre l'intérêt du peuple. Ce sera un esprit de détail rendant plus excusable, plus souple, si j'ose m'exprimer ainsi, les lois rendues dans un esprit de vues générales. En un mot, ce sera la pratique corrigeant et perfectionnant l'œuvre de la théorie.

L'esprit pratique devra un jour dominer en France quand la liberté sera bien assurée et que les principes constitutionnels ne fourniront plus matière à discussion. Alors les administrateurs des départemens feront des canaux et des chemins en fer au lieu de discours louangeurs ou de circulaires électorales ; alors la liberté sera adorée de tout le monde, parce que tout le monde jouira de ses bienfaits. Notre Sénat ne pourra manquer de contribuer puissamment à cette direction des idées. Sans doute il y a des hommes qui se passionnent uniquement pour le triomphe des principes, mais le grand nombre n'aime ces principes que comme des garanties de bien-être. On a vu des esprits ardens, avides de fortes sensations politiques, trouver la vie américaine languissante et monotone. Eh ! mes amis, arrivons, si nous pouvons, à la monotonie du bonheur !

Un autre bienfait de notre sénat national sera de rendre possible l'institution repoussée jusqu'ici d'une Chambre des députés vraiment populaire. Un publiciste a dit de nos jours qu'il ne connaissait que deux états pour les citoyens, c'est-à-dire d'être représentans et représentés. D'après ce mot, il n'y a en France, sur trente millions d'hommes, qu'environ deux cent mille citoyens. Une pareille situation est intolérable ; elle est contraire et à nos vieilles coutumes et à nos théories nouvelles. Nos élections n'ont rien de national, rien qui remue la fibre populaire et qui intéresse la masse des citoyens à la chose publique. Elles se font à huis-clos, dans une espèce de conciliabule tenu par des individus tarifés en francs et en centimes. Ce n'est pas là cette représentation majestueuse, engendrée en quelque sorte par la nation, et dont, à ce titre, les décisions commandent partout le respect et la confiance. Ce n'est qu'une représentation de la moyenne propriété foncière dont l'intérêt n'est pas toujours d'accord avec l'intérêt de la masse des citoyens.

Pourquoi a-t-on maintenu jusqu'ici un pareil état de choses ? C'est qu'on craint, en le changeant, de mettre l'ordre public en danger. On a pensé que si la Chambre des députés émanait réellement du peuple, une Chambre héréditaire ne pourrait lui servir de contre-poids. L'aristocratie n'aurait pas soutenu le choc d'une franche et pure démocratie. La Restauration s'est donc efforcée d'énerver la Chambre des députés, de l'abâtardir, de l'aristocratiser enfin, qu'on me passe ce mot, de la réduire autant que faire se pourrait à n'être qu'une Chambre de privilégiés au petit pied. Aussi une des plus fortes raisons qui aient été alléguées en 1820 à la Chambre des Pairs en faveur du double vote, c'est que cette loi, en ouvrant une large porte dans la Chambre des députés à l'aristocratie de province, la mettrait tout-à-fait en harmonie avec la Chambre des Pairs.

C'est qu'en effet, vouloir faire marcher ensemble l'aristocratie et la démocratie, l'intérêt des masses et l'intérêt de quelques privilégiés, c'est vouloir faire violence à la nature des choses. Tôt ou tard l'un des élémens contraires absorbe l'autre. Divisons les pouvoirs, mais que ces pouvoirs émanent d'un même principe.

En terminant, je rappellerai que tant que la seconde Chambre ne sera pas fondée sur une base nationale, tout sera provisoire en France, et qu'une Chambre héréditaire serait un foyer de nouvelles tempêtes.

On aura beau crier contre les théoriciens qui ne veulent pas de l'hérédité, tous les gens raisonnables répondront que les insensés *théoriciens* sont ceux qui, faisant violence au génie français, veulent ériger en lois des préjugés importés de l'étranger et rejeter la réalité pour copier de vaines fictions. Le faible doit commander au fort, l'ignorant au sage s'il porte tel ou tel nom, voilà bien certes, comme on l'a dit, la *théorie* la plus bizarre qu'ait jamais rêvée l'esprit humain.

Ce bon sens des masses, qui se prononce si ouvertement contre la pairie héréditaire, désole les hommes du pouvoir qui avaient déjà disposé d'avance des siéges vacans au Luxembourg. S'ils n'avaient contre eux que quelques esprits raisonneurs, ils ne s'en inquiéteraient guère : ils les appelleraient théoriciens et utopistes, et tout serait fini par là. Mais malheureusement, tandis que la logique des philanthropes déclare funeste l'établissement d'une aristocratie féodale, la raison populaire la trouve absurde et insultante. Malgré tant de siècles d'épaisses ténèbres, malgré les efforts des gouvernans pour arrêter les progrès de l'intelligence publique, la France où, à force de payer des millions pour les listes civiles et des milliards pour les ennemis du dedans et du dehors, on ne trouve plus rien à payer pour l'instruction du peuple, dont la moitié ne sait pas lire ; la France, dis-je, devinant, pour ainsi dire, les vrais principes d'organisation sociale, paraît un peuple de philosophes et de raisonneurs. D'où vient cela ? C'est qu'il y a dans le caractère français le plus précieux de tous les élémens de civilisation, l'esprit d'égalité. En vain ce mot puissant a disparu des drapeaux sur lesquels, comme par une connexion logique, on l'avait inscrit à côté de ces autres mots : *Le peuple français; l'égalité* n'en forme pas moins aujourd'hui le droit public du peuple français. Qu'on ne s'étonne donc plus de voir la France, laissant l'Angleterre derrière elle, guider tous les peuples de l'Europe dans la voie des réformes politiques : c'est que *la perfectibilité de l'espèce humaine n'est autre chose que la tendance vers l'égalité* [1]. Peuple plein d'avenir, que l'ins-

---

[1] B. Constant, Mélanges littéraires.

tinct de sa nature entraîne dans la route où la raison dirige les aigles de la philosophie sociale, les Bentham et les Destutt de Tracy !

Que ceux qui redoutent de nouvelles révolutions aient grand soin de ne pas heurter ce mouvement des esprits. C'est en faisant une large part à ces exigences nationales que la royauté nouvelle se consolidera. Si l'on ne veut pas que les esprits s'élancent avec enthousiasme vers un autre ordre de choses, qu'on se garde bien d'accréditer cette idée dangereuse que certains abus intolérables sont nécessaires à la constitution monarchique. Le Français est éminemment logicien, et ne recule guère devant les conséquences qu'il a tirées.